DEP⚽RTES EN ACCIÓN

Béisbol

en acción

Sarah Dann & John Crossingham

🌳 Crabtree Publishing Company

www.crabtreebooks.com

Serie creada por Bobbie Kalman

**Para mi madre y mi padre, Pat y Bobbie Dann,
quienes siempre me enseñaron a hacer mi mejor esfuerzo**

Editora en jefe
Bobbie Kalman

Equipo de redacción
Sarah Dann
John Crossingham,
Niki Walker

Editora ejecutiva
Lynda Hale

Editoras
Kate Calder,
Heather Levigne

Diseño por computadora
Lynda Hale, Niki Walker,
Robert MacGregor (portada)

Consultor
Jim Gates, director de biblioteca,
Salón de la Fama y Museo
Nacional de Béisbol,
Cooperstown, Nueva York

Consultora lingüística
Patricia Seidlitz, M.Ed, Maestra de Ciencias de secundaria

Agradecimiento especial a
Sr. John Childs, Sra. Kajak, Sra. Ricciardelli, Shawn Knott, Tran Duy Binh, Akins Fortune,
Kristi Evenden, Lydia Zemaitis, Kelsey Westbrook, Michael Zigomanis, Kyle Derry, Neil Bell,
Ali Raza, Fatima Ahmed, Holly Morin, Rachel Ward, Abby Hume y la escuela pública Earl
Haig; Blake Malcolm; Michael Caruso; Andy DeForest, presidente, Liga Menor de Béisbol de
St. Catharines; David T. Gagné

Fotografías y reproducciones
Jeff Carlick/SportsChrome: página 16; Marc Crabtree: página 31 (superior); Bruce Curtis: páginas
3, 8 (superior), 9 (superior), 10, 15, 20, 22, 23, 27 (ambas), 31 (inferior); Larry Rossignol: página 30;
Robert Tringali/SportsChrome: páginas 17, 26; otras imágenes de Digital Stock y Eyewire, Inc.

Ilustraciones
Barbara Bedell: página 5; Trevor Morgan: páginas 6-7, 10, 11, 17, 20;
Bonna Rouse: páginas 12-13, 14, 15, 19, 21, 23, 25, 26, 29

Coordinación de producción
Hannelore Sotzek

Traducción
Servicios de traducción al español y de composición
de textos suministrados por translations.com

Crabtree Publishing Company

www.crabtreebooks.com   1-800-387-7650

Library of Congress Cataloging-in-Publication Data
Dann, Sarah, 1970-
[Baseball in action. Spanish]
Béisbol en acción / written by Sarah Dann & John Crossingham.
    p. cm. -- (Deportes en acción)
Summary: Introduces the techniques, equipment, rules, and safety requirements of baseball.
Includes index.
ISBN-13: 978-0-7787-8571-2 (rlb)
ISBN-10: 0-7787-8571-8 (rlb)
ISBN-13: 978-0-7787-8617-7 (pb)
ISBN-10: 0-7787-8617-X (pb)
    1. Baseball--Juvenile literature. 2. Baseball--Training--Juvenile
literature. [1. Baseball.] I. Crossingham, John, 1974- II. Title. III. Series.
GV867.5.D2618 2005
796.357--dc22
                                                                    2005014790
                                                                         LC

**Publicado en los
Estados Unidos**

PMB16A
350 Fifth Ave.
Suite 3308
New York, NY
10118

**Publicado en
Canadá**

616 Welland Ave.,
St. Catharines, Ontario
Canadá
L2M 5V6

**Publicado en el
Reino Unido**

73 Lime Walk
Headington
Oxford
OX3 7AD
Reino Unido

**Publicado en
Australia**

386 Mt. Alexander Rd.,
Ascot Vale (Melbourne)
VIC 3032

Contenido

¿Qué es el béisbol?

El béisbol es un popular deporte de equipo que se juega en muchos lugares del mundo. Dos equipos de al menos nueve jugadores toman turnos para **batear** y **fildear**. El equipo a la ofensiva **batea**, o golpea la pelota, y corre por las **bases**. Anotan **carreras** al tocar las tres bases y el *home* o plato. El equipo a la defensiva, o que fildea, atrapa la pelota e intenta impedir que el otro equipo anote. El equipo que anota más carreras gana.

Parte alta y parte baja

Los juegos de béisbol se dividen en nueve **entradas**. Una entrada es un período en el que cada equipo tiene la oportunidad de batear. El equipo **visitante** batea en la **parte alta** de una entrada y el equipo **local** batea en la **parte baja** de la entrada. Los jugadores del equipo que batea siguen bateando hasta que tres jugadores son puestos fuera; es decir, hasta que hay tres *outs*. Entonces le toca batear al equipo que fildeaba.

(derecha) En todas partes de los Estados Unidos, niños han jugado béisbol de Pequeñas Ligas desde la década de 1940.

Historia de un pasatiempo

En el siglo XVIII, los niños británicos jugaban un juego llamado *rounders*, o *feeder*, que era muy similar al béisbol. Los jugadores usaban un palo para golpear una roca y corrían alrededor de tres postes. Los colonizadores británicos llevaron este juego a América del Norte. En el siglo XIX, la gente comenzó a usar sacos de tela llenos de arena en lugar de postes, ya que los postes causaban lesiones. Los jugadores llamaban "bases" a estos sacos, y el juego pronto comenzó a conocerse como béisbol. Hoy en día, el béisbol es considerado el pasatiempo nacional de los Estados Unidos.

Bienvenido al diamante

Los juegos de béisbol se juegan en un campo que tiene dos áreas: el cuadro interior o *infield* y los jardines o *outfield*. El *infield*, o **diamante**, es un área marcada con líneas que conectan dos de las tres bases al *home*. El *outfield* es el área del campo de juego que se encuentra más allá del diamante.

En el campo

Cuando un equipo fildea, cada jugador tiene una **posición** o responsabilidad. Tres jugadores están el en *outfield* y cuatro cubren el *infield*. El lanzador o *pitcher* juega en el montículo del lanzador y el receptor o catcher juega detrás del home.

Cómo se anota una carrera

Es el turno al bate de un jugador. Si el bateador le pega a la pelota, corre por las bases en sentido contrario al de las manecillas del reloj para regresar al *home* y anotar una carrera. Este bateador, que ahora se ha convertido en corredor, se queda en la última base a la que llegó, hasta que otro bateador le pegue a la pelota. El corredor anota una carrera al regresar al *home*.

El mandatario del diamante

Los **árbitros** son los encargados de que se cumplan las reglas del juego. El árbitro principal o de *home* se coloca detrás del *home* y decide si los lanzamientos son **strikes** o bolas malas (llamadas simplemente **bolas**). Los árbitros de las bases y de *home* determinan si un corredor llega a salvo o *safe* a la base, o si está *out* o fuera.

*El **outfield** o jardines es la zona entre el muro y la tierra del* infield.

jardinero izquierdo

*Las **líneas de** foul son los límites laterales del campo de béisbol. Si un bateador golpea la pelota y ésta cae fuera de las líneas de* foul, *la pelota está fuera de juego y se le llama* **foul**.

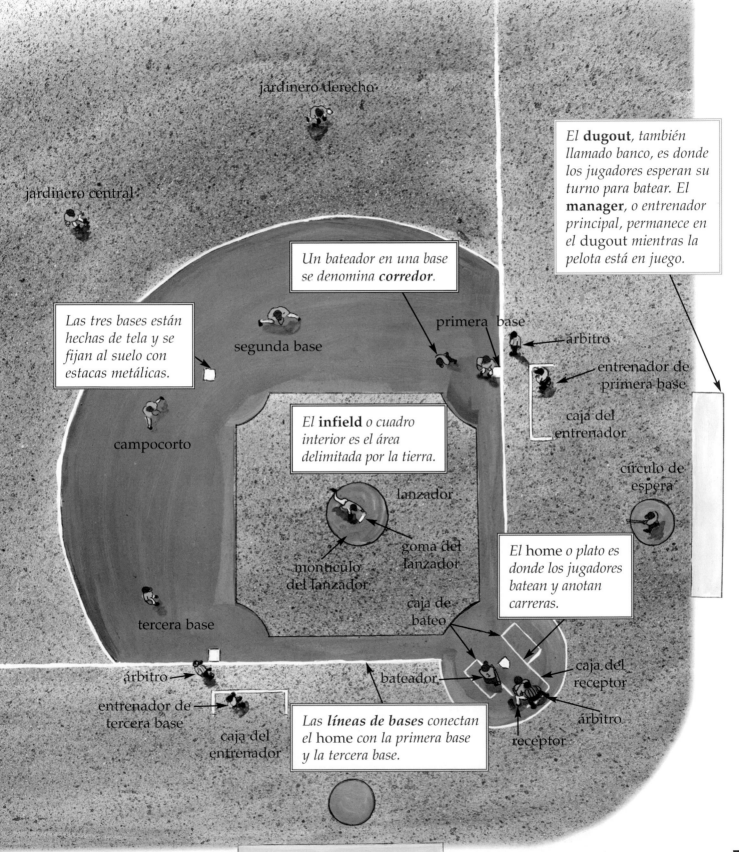

jardinero derecho

jardinero central

El dugout, *también llamado banco, es donde los jugadores esperan su turno para batear. El* **manager**, *o entrenador principal, permanece en el dugout mientras la pelota está en juego.*

Un bateador en una base se denomina **corredor**.

primera base

árbitro

Las tres bases están hechas de tela y se fijan al suelo con estacas metálicas.

segunda base

entrenador de primera base

caja del entrenador

campocorto

El infield *o cuadro interior es el área delimitada por la tierra.*

círculo de espera

lanzador

goma del lanzador

montículo del lanzador

El home *o plato es donde los jugadores batean y anotan carreras.*

caja de bateo

tercera base

árbitro

caja del receptor

bateador

entrenador de tercera base

caja del entrenador

Las **líneas de bases** *conectan el home con la primera base y la tercera base.*

árbitro

receptor

Posiciones de campo

Los jugadores de primera base, segunda base y tercera base, así como el campocorto o *shortstop*, son los **jugadores de cuadro** o *infielders*. El campocorto cubre el área entre segunda y tercera base. Los jugadores de cuadro atrapan las pelotas bateadas al cuadro y **tocan** a los corredores o hacen un ***out*** forzado (ver página 24). Tocar a un corredor significa tocarlo con la pelota para ponerlo fuera. Los jardineros (derecho, izquierdo y central) atrapan las pelotas bateadas a los jardines y lanzan la pelota al cuadro o *infield*.

El lanzador...

El lanzador o *pitcher* y el receptor o *catcher* son conocidos como la **batería**. El trabajo del lanzador es *pitchear* o lanzar la pelota sobre el *home* o plato. Procura que sus lanzamientos sean difíciles de batear, con el objetivo de **ponchar** al bateador.

...y el receptor

El receptor o *catcher* se coloca en cuclillas detrás del bateador y atrapa las pelotas que el bateador no logra golpear. Los receptores hacen señales con las manos para indicar al lanzador qué tipo de lanzamiento debe efectuar. El receptor también trata de tocar a los corredores cuando se dirigen al plato.

Cubrir las bases

Los jugadores de cuadro o *infielders* intentan detener la pelota antes de que llegue a los jardines. En cuanto tienen la pelota, los jugadores de cuadro la lanzan a la base donde tienen mayor oportunidad de poner fuera a un corredor. Si un bateador le pega a la pelota hacia el cuadro, un jugador de cuadro puede lanzar la pelota a primera base para tratar de tocar al corredor o forzar el *out*. Si un corredor se dirige a *home*, los jugadores de cuadro lanzan la pelota al receptor.

En el campo

Los jardines son cubiertos por los jardineros izquierdo, derecho y central. Los jardineros estudian la **posición** del cuerpo y el bate del bateador, así como el tipo de lanzamiento realizado por el lanzador. Después intentan adivinar la dirección en la que probablemente irá la pelota y se preparan para atraparla. Los jardineros necesitan piernas fuertes para correr hacia la pelota y un brazo poderoso para lanzarla con rapidez a grandes distancias.

(superior derecha) Este jugador de primera base espera la pelota para tocar al corredor y ponerlo fuera.

(derecha) Cuando una pelota es bateada a uno de los jardines, el jugador más cercano debe gritar "mía" para que los otros jardineros no intenten atraparla también.

Elementos fundamentales

No necesitas mucho equipo para practicar las habilidades básicas del béisbol: sólo un bate, una pelota y un guante. Sin embargo, para un juego real, se requiere mucho más, como las tres bases, el plato de *home*, un casco de bateo y guantes para todos los fildeadores.

*Todos los jugadores deben usar un **casco de bateo**, hecho de plástico duro, al batear y correr. El casco protege la cabeza si es golpeada por la pelota.*

visera

Los receptores o catchers *usan caretas, protectores pectorales y espinilleras para evitar lesiones si llegan a ser golpeados por la pelota.*

*La **visera** de las gorras de béisbol y los cascos de bateo protegen los ojos del jugador de la brillante luz solar.*

Las camisas de manga corta permiten a los jugadores moverse con facilidad al batear y lanzar.

Los pantalones para béisbol están hechos de tela elástica para permitir que el jugador corra y se deslice fácilmente.

estribos

*Los zapatos para béisbol tienen puntas cortas de plástico, llamadas **tacos**, en las suelas. Así se tiene mejor tracción en el campo.*

*Los **estribos** son cintas de colores que se usan sobre las medias del jugador.*

*Las **medias** para béisbol por lo general son blancas.*

La pelota

Las pelotas de béisbol son pequeñas y duras. Están cubiertas de cuero. El interior de la pelota está hecho de corcho y goma, envuelto firmemente con hilo de lana.

El bate

Los jugadores de Grandes Ligas utilizan bates de madera, pero tú puedes practicar con un bate de aluminio. Asegúrate de que sea lo suficientemente liviano para que no tengas problemas al hacer el *swing* o movimiento de bateo. Si el bate es demasiado pesado, te será difícil pegarle a la pelota.

Guantes

Los guantes de béisbol están hechos de cuero y, además de protegerte las manos, te permiten atrapar la pelota con mayor facilidad. Hay gran variedad de estilos, pero todos los guantes tienen dedos largos y una canasta tejida.

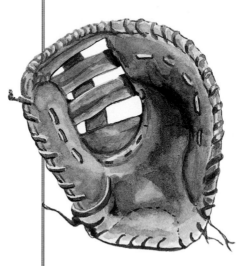

El jugador de primera base utiliza un guante con canasta profunda, que forma un blanco grande y sirve como pala para atrapar la pelota.

El guante de un jugador de cuadro tiene una canasta pequeña, para que el jugador pueda tomar la pelota rápidamente y lanzarla. Los guantes de los jardineros son similares, aunque más grandes.

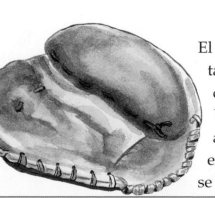

El guante del receptor también se conoce como **mascota**. Una mascota está acolchada para evitar que el receptor se lastime la mano.

Precalentamiento

Antes de una práctica o un juego, es importante calentar y estirar los músculos. El precalentamiento te ayuda a evitar lesiones, como desgarres y esguinces. También prepara el cuerpo para batear, correr por las bases y lanzar la pelota. Los siguientes ejercicios de estiramiento te ayudarán a calentar los músculos antes de los **ejercicios de práctica** presentados en este libro.

Círculos con el tronco

Párate con los pies abiertos a la anchura de los hombros y las manos sobre la cadera. Mantén los pies planos sobre el suelo y mueve la cadera en círculo. Haz tres círculos hacia la derecha y tres hacia la izquierda.

Cruce de piernas

Párate con las piernas cruzadas a la altura de los tobillos. Flexiona el tronco e intenta tocarte las puntas de los pies. Mantén las rodillas ligeramente dobladas y baja lo más que puedas. Mantén esta posición durante cinco segundos. Ahora intercambia la posición de los pies. Haz cinco estiramientos con cada pierna.

Estiramiento de tobillos

Siéntate en el suelo y dobla una pierna para que puedas sujetar el pie. Mueve el pie suavemente en círculo. Haz diez círculos en una dirección y luego diez en la otra dirección. ¡Recuerda cambiar de pierna!

Estiramiento en "V"

Siéntate con las piernas en posición de "V". Estira los brazos lo más que puedas frente a ti. Mantén la tensión, cuenta hasta diez y luego enderézate. Repite el ejercicio cinco veces.

Círculos con los brazos

Gira los brazos haciendo grandes círculos. Reduce gradualmente el tamaño de los círculos. No te detengas hasta que los brazos estén perpendiculares al cuerpo y formes círculos pequeños. Cambia de dirección. Comienza con círculos pequeños y termina con círculos grandes.

Estiramiento del cuello

Inclina la cabeza hacia delante para que el mentón apunte hacia el pecho. Gira lentamente la cabeza hacia un hombro y luego hacia el otro. Sólo mueve la cabeza hasta los hombros y no la gires más allá del límite donde te sientas cómodo. ¡Nunca la dobles hacia atrás!

Zancadas

Abre los pies tanto como puedas. Dobla una rodilla y mantén la otra pierna estirada. Pon las manos sobre la rodilla doblada y cuenta lentamente hasta cinco. Haz cinco zancadas hacia cada lado.

¡Turno al bate!

El bateo requiere mucha práctica. Para pegarle bien a la pelota, debes desarrollar un *swing* o movimiento de bateo uniforme y fuerte. Los bateadores hábiles pueden pegarle a la pelota con tanta fuerza que la sacan del estadio. Unos cuantos hasta pueden controlar la dirección en que la batean.

Si la pelota se dirige a la **zona de** *strike*, ilustrada en la figura, el lanzamiento cuenta como *strike*, ya sea que hagas o no el *swing*. Si el lanzamiento está fuera de la zona de *strike* y no haces el *swing*, cuenta como **bola**. Si el lanzador lanza cuatro bolas, el bateador avanza a primera base.

¡La práctica hace al maestro!

1. Espera el lanzamiento en la posición de bateo, con los pies separados y las rodillas ligeramente dobladas. Sujeta el bate con una mano a mayor altura que la otra, manteniendo juntos los dedos. Las manos deben estar a la altura del hombro trasero. Acostúmbrate a esta posición. No apoyes el bate en el hombro.

2. Mueve el bate hacia delante y desplaza el peso del cuerpo del pie trasero al delantero. El pie trasero girará, levantando el talón del suelo. Gira la cadera al hacer el *swing*, para que la parte baja del cuerpo apunte hacia el lanzador. Mantén la vista en la pelota y mueve el bate en forma de *swing* sobre el plato.

3. Después de pegarle a la pelota, **continúa el movimiento** hasta que el bate llegue al hombro opuesto. Ahora, deja caer el bate (nunca lo tires) y corre lo más rápido que puedas a la primera base.

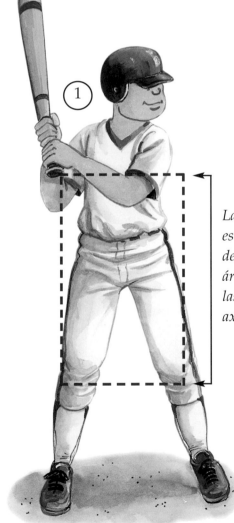

*La **zona de** strike está sobre el plato de home. Es el área delimitada por las rodillas y las axilas del jugador.*

¿Bola o strike?

Cada vez que haces un *swing* y no le pegas a la pelota, cuenta como un *strike*. Ningún bateador quiere hacer tres *strikes* y ser ponchado, es decir, ser puesto fuera y perder su turno al bate. Las pelotas de *foul* también cuentan como *strikes*, pero la mayoría no cuentan como tercer *strike* (ver página 18). No tienes que hacer un *swing* en cada lanzamiento, pero sólo tendrás una fracción de segundo desde que el lanzador tira la pelota para decidir si puedes o no pegarle con el bate.

(derecha) Este lanzamiento es demasiado bajo y está fuera de la zona de strike. *El bateador no intenta pegarle, de manera que el lanzamiento es una bola.*

El swing

El primer paso para ser un excelente bateador es aprender cómo y cuándo hacer un *swing* para pegarle a la pelota. Todos los jugadores sueñan con pegarle a la pelota fuera del campo de juego y hacer un **home run** o **cuadrangular**, pero hay otras maneras de pegarle a la pelota. Para anotar carreras, también es bueno pegarle a la pelota con fuerza por el aire, o rodarla por el suelo. También es importante controlar la dirección del batazo, ya que puedes intentar dirigirla a una zona que no está cubierta por un fildeador.

En el centro

Al batear, intenta pegarle al centro de la pelota, tal como lo ha hecho este niño. Como consecuencia del batazo, la pelota viajará a gran velocidad por encima de los jugadores de cuadro y caerá al suelo antes de que un jardinero pueda atraparla. Este tipo de golpe o *hit* se conoce como **línea**. Evita pegarle en la parte superior o inferior de la pelota. Si le pegas en la parte superior, el resultado será una **rola**. Las rolas rebotan por el suelo y los fildeadores pueden cogerlas fácilmente. Si le pegas en la parte inferior, el resultado será un **elevado** o *fly*. Los elevados alcanzan gran altura y los fildeadores tienen tiempo para atraparlas.

Lanzamiento suave

Ensaya el movimiento del bate por la zona de *strike*. Cuando te sientas cómodo con el *swing*, intenta pegarle a la pelota en movimiento. Pídele a un compañero que te lance suavemente una pelota. Colócate en la posición de bateo, observa la pelota con atención y haz un *swing* completo con el bate. No olvides completar el movimiento del bate. ¿Le pegaste a la pelota?

Una vez que logres batear casi todos los lanzamientos, intenta pegarle a la pelota en distintas direcciones. Coloca tres blancos: uno a la izquierda, uno a la derecha y uno frente a ti. Trata de enviar la pelota hacia cada blanco. ¿Cuál es el blanco más fácil de golpear?

(arriba) Una manera divertida de practicar tus habilidades de bateo, fildeo y lanzamiento es yendo al parque con un adulto y varios amigos. Lo único que necesitas es un bate, una pelota y un par de guantes.

Toque de pelota

Los bateadores por lo general le pegan a la pelota con todas sus fuerzas, pero en ocasiones pueden engañar a los fildeadores con un toque suave. Este golpe suave se conoce como **toque de pelota**. Un toque de pelota obliga a los jugadores de cuadro a correr hacia delante para coger la pelota y le da al bateador más tiempo para correr a primera base. Al hacer un toque de pelota, intenta dirigirla hacia las líneas de base. Si la pelota rueda demasiado lejos, un jugador de cuadro la levantará rápidamente y tratará de hacer el *out*. Si el toque de pelota es demasiado débil, el receptor la cogerá y la lanzará a primera base.

Incluso si piensas hacer un toque de pelota, colócate en la posición de bateo para engañar a los fildeadores. En cuanto el lanzador levante la pelota por encima de la cabeza, mueve los pies para que apunten hacia delante y sube la mano superior hasta la mitad del bate. Pon el bate a la altura del pecho. Sostén el bate lejos del cuerpo pero mantén los codos pegados a los costados.

Un bateador con dos strikes debe tener cuidado al hacer un toque de pelota, ya que si el toque es un foul *contará como tercer* strike.

Un toque más suave

El toque de pelota requiere un golpe mucho más suave que el bateo normal. Cuando el bate le pega a la pelota, mueve el bate hacia atrás con la mano superior. Este movimiento evitará que la pelota rebote con fuerza en el bate. Recuerda que no quieres batear la pelota a gran distancia. Para suavizar el toque, marca una línea a unos cinco pasos grandes de donde estás. Pídele a un amigo que lance la pelota con suavidad e intenta hacer un toque de pelota de manera que no rebase la línea.

No olvides mantener las manos detrás del bate para no lastimarte los dedos.

*Un jugador puede hacer un **toque de sacrificio** cuando su equipo tiene dos o menos outs y hay un corredor en base. Aunque el bateador por lo general es puesto fuera en primera base, el otro corredor tiene más tiempo para llegar a salvo a segunda base. Así, el corredor queda en buena posición para anotar con el próximo hit.*

Cómo correr por las bases

El corredor cruzó home *antes de que un fildeador pudiera lanzarle la pelota al receptor. El árbitro extiende ambos brazos como señal de que el corredor está* safe.

Después de pegarle a la pelota, el siguiente paso es llegar *safe* o a salvo a primera base. Al llegar a salvo a una base, debes decidir si seguirás corriendo a la siguiente base o aun a *home*. Para avanzar de una base a otra, debes correr velozmente y tomar decisiones con rapidez. Cuando estás en una base y el bateador le pega a la pelota, debes estar listo para correr a la siguiente base. El **entrenador de base** te dirá cuándo correr y cuándo quedarte en la base.

¡No te detengas!

Un jugador que no está tocando la base puede ser tocado y puesto fuera. Para que el *out* cuente, debes ser tocado por un oponente que tenga la pelota. La excepción a esta regla es cuando corres a primera base. Para que puedas correr lo más rápido posible, te es permitido seguir de frente por la línea de base y frenarte después de haber tocado la primera base. El jugador de primera base no puede tocarte y ponerte fuera antes de que regreses a la base.

¡Out! Este fildeador recibió la pelota a tiempo para tocar el pie del corredor.

Por la línea

Al correr por las bases, debes seguir la línea de base. Está prohibido correr a más de tres pies (90 cm) de la línea.

Si el corredor y la pelota llegan a la base al mismo tiempo, el árbitro decide si el corredor está safe o out.

Robos y deslizamientos

Cuando estás en una base, la siguiente parece muy lejana. Puede ser difícil llegar a la base antes que una pelota lanzada con fuerza, por lo cual los corredores utilizan trucos que les ayudan a llegar más rápido a la siguiente base. Muchos corredores se **abren** o separan de la base para obtener ventaja. Se colocan a algunos pasos de la base. En las Pequeñas Ligas no se permite separarse de la base.

No te alejes demasiado

Ten cuidado al abrirte de una base, ya que pueden ponerte fuera. El lanzador vigila a los corredores, y si te alejas demasiado de la base le lanzará la pelota al jugador que cubre la base. En este caso, tendrás que regresar y tocar la base antes de que el jugador de la base atrape la pelota, o de lo contrario podrá tocarte y ponerte fuera.

Deslizamientos

Cuando te deslizas, es más difícil para el jugador de base ponerte fuera, ya que extiendes el pie por delante del cuerpo. El pie es un blanco muy pequeño, difícil de tocar. Para deslizarte (o barrerte, como también se le conoce), corre y extiende una pierna frente a ti. Al mismo tiempo, despega la pierna trasera del suelo y dóblala debajo de la pierna delantera. Para ello, inclínate hacia atrás, pon rectos los hombros y la cabeza y ve hacia el frente. Tu trasero debe ser lo primero en tocar el suelo, no la rodilla doblada bajo la pierna.

¡Alto, ladrón!

En lugar de esperar a que un bateador haga un *hit*, un corredor puede decidir robarse la base. Antes de robar una base, debes abrirte de la base donde estás. Pon atención a lo que hace el lanzador. Cuando estés seguro de que la pelota ha salido de la mano del lanzador, corre lo más rápido que puedas a la siguiente base. En pocos segundos, la pelota llegará a la mascota del receptor, quien lanzará la pelota de inmediato a la base para tratar de ponerte fuera. No gires la cabeza para ver la pelota antes de llegar a la base, pues esto te quita velocidad.

Esta corredora ha sido atrapada tratando de robarse home. *Trata de regresar a tercera base sin ser tocada por el receptor.*

Fildeo

El equipo que fildea trata de poner fuera a tres oponentes lo más rápido posible. Los fildeadores necesitan reflejos rápidos para atrapar la pelota cuando es bateada o lanzada hacia ellos. Si no atrapan la pelota, el otro equipo puede anotar carreras.

¡Out!

Un fildeador puede hacer un *out*, o poner fuera a un oponente, de tres formas. La primera es atrapando un batazo antes de que la pelota toque el suelo. La segunda es tocando a un corredor fuera de base. Para ello, debes tener la pelota en la mano o en el guante y tocar con ella al corredor. La tercera forma de eliminar a un corredor se llama **jugada forzada**.

Jugada forzada

No puede haber dos corredores en la misma base al mismo tiempo. Si hay un corredor en la primera base y el bateador logra un *hit*, el corredor debe avanzar a la segunda base para que el nuevo corredor pueda llegar a la primera. Cuando un corredor es forzado a ir de una base a otra y un oponente con la pelota toca la base antes de que el corredor llegue a ella, el corredor queda *out*.

Este jardinero atrapa un elevado antes de que la pelota salga del estadio.

Elevados

Para atrapar un batazo elevado o *fly* necesitas concentración. Para atrapar la pelota, corre con la cabeza levantada, sin perder de vista la pelota. Sigue corriendo hasta que estés debajo de la pelota y levanta el guante para atraparla. Los dedos del guante deben apuntar hacia arriba. Pon la otra mano detrás del guante para mantenerlo firme. Después de atrapar la pelota, mira adónde debes lanzarla. Asegúrate de haber atrapado la pelota antes de mirar alrededor, o de lo contrario la pelota podría golpearte.

Rolas

Las rolas parecen fáciles de atrapar, pero pueden dar saltos extraños al rodar por el suelo disparejo. Prepárate para moverte a la izquierda o a la derecha cuando la pelota se acerque. Para atrapar la pelota, siempre colócate frente a ella.

Para acostumbrarte a atrapar rolas, pídele a un amigo que lance o ruede la bola a un costado tuyo. Muévete para atraparla y luego lánzala a tu amigo. Una vez que domines las rolas, practica atrapar los elevados.

Lanzamiento

Lanzar es uno de los principales aspectos del fildeo. Cuando la pelota es bateada en dirección tuya y el corredor se acerca a la base, depende de ti atrapar la pelota y lanzarla con rapidez y precisión a la base correcta. Si tu compañero de equipo no puede atrapar la pelota, no podrá poner fuera al corredor.

(izquierda) Este jugador tiene la vista fija en su objetivo. Aprende a lanzar la pelota sin distraerte.

Mira hacia tu objetivo. Levanta la pelota por detrás de la cabeza y gira el tronco. El hombro del brazo que no lanza debe apuntar hacia el objetivo. Todo el peso debe apoyarse en el pie trasero.

Al dar el paso hacia delante, mueve el brazo de lanzamiento hacia el frente con un amplio movimiento circular. Tu cuerpo girará al efectuar el lanzamiento y el hombro de atrás se moverá hacia delante. Mantén en alto la cabeza y no pierdas de vista el objetivo. Suelta la pelota cuando la tengas frente a ti. Después de soltarla, acompaña el movimiento del brazo para completar el círculo.

No te presiones

Es fácil ponerse nervioso en un juego cerrado. Algunos jugadores se ponen tensos y no atrapan la pelota, la dejan caer o la lanzan en la dirección equivocada. Estos errores hacen que su equipo pierda la oportunidad de poner fuera a un jugador.

Para practicar los lanzamientos bajo presión, tú y un amigo pueden pretender que la pelota se está quemando y lanzársela uno a otro. La idea es deshacerse de la pelota tan pronto toque el guante. Apunten bien para que puedan atrapar la pelota sin tener que desplazarse mucho.

Este jugador de segunda base esperó un lanzamiento que nunca llegó. El corredor se deslizó y llegó safe *a la base.*

Demasiado alto

En ocasiones, un jugador lanza la pelota de forma apresurada y no apunta bien. Cuando esto sucede, la pelota es lanzada **demasiado alta** y pasa por encima del jugador. El jugador de tercera base, en la foto de la derecha, se estira para atrapar un lanzamiento demasiado alto. Su compañero lanzó la pelota con demasiada fuerza y apuntó muy alto. Mientras tanto, el corredor se desliza a salvo a la base.

Pitcheo

El pitcheo es la habilidad más
difícil de dominar en el béisbol.
Los lanzadores deben lanzar
pelotas difíciles de batear pero
dentro de la zona de *strike*. Usan
diversos tipos de lanzamiento
para engañar al bateador. La
recta, la **curva**, el **tirabuzón**, la
bola de nudillos y el **cambio de
velocidad** son distintos tipos
de lanzamientos empleados
para sorprender al bateador.

El movimiento de pitcheo

Para un buen lanzamiento,
es importante contar con
un movimiento de pitcheo
apropiado. En tu tiempo
libre, puedes practicar estos
movimientos sin la pelota.
Párate frente a un espejo y
practica el **movimiento de
pitcheo** lentamente. Observa
a los lanzadores experimentados
y estudia sus movimientos.

*Se requiere práctica para lanzar la pelota
con exactitud. Si un lanzador no lanza
strikes, su equipo no puede ganar.*

Forma de pitcheo

1. *Párate con ambos pies apuntando hacia el bateador. Da un paso hacia atrás con el pie izquierdo. Al dar el paso hacia atrás, levanta las manos un poco más arriba que la frente.*

2. *Gira el pie delantero hacia un lado y a la derecha. Este movimiento se llama **paso pivote**. Mueve el pie delantero hacia delante y levanta la rodilla para que cruce frente al cuerpo. En ese momento debes estar equilibrado sobre un pie, con las manos arriba de la rodilla doblada.*

Posición para la recta

Los lanzadores jóvenes deben comenzar lanzando sólo rectas, ya que los demás lanzamientos pueden causar lesiones en el brazo si no se realizan de manera correcta.

En estas figuras se muestra cómo sujetar la pelota para lanzar una recta.

3. *Mueve el brazo de lanzamiento hacia atrás y da un paso hacia delante, en dirección al plato, con la pierna izquierda. Al dar el paso, forma un círculo completo con el brazo de lanzamiento. Suelta la pelota cuando el pie haga contacto con el suelo. No olvides completar el movimiento del brazo al lanzar.*

Otros juegos de pelota

Otros juegos tienen equipo y reglas similares al béisbol. El *cricket* es un juego muy popular en diversas partes del mundo. Se juega con dos equipos de once jugadores. El bate es más plano y ancho que un bate de béisbol. En lugar de bases, los jugadores de *cricket* corren de un *wicket* a otro para anotar carreras. Dos bateadores se colocan en el **foso de lanzamiento** o *bowling crease*. Un **bowler** o lanzador lanza la pelota por encima de la cabeza o por debajo de la cintura a un bateador. Los jugadores de campo atrapan la pelota a mano limpia (sólo el *wicket keeper* usa guante) y la lanzan al *wicket*. Si el jugador defensivo logra derribar el **bail** o pieza transversal del *wicket*, el bateador es puesto fuera.

Parientes cercanos

Hay otros juegos en los que se utilizan un bate y una pelota. Varios de estos juegos, que son similares al béisbol, son populares en América del Norte y en otros países.

Pitcheo diferente

La diferencia entre los diversos juegos de pelotas es el estilo de pitcheo. En el **softbol**, los lanzadores utilizan una pelota más grande y la lanzan bajo mano. El lanzador está más cerca del bateador que en el béisbol y la distancia entre las bases es menor. El **softbol de pitcheo lento** es un juego con reglas similares a las del softbol, pero los lanzadores lanzan la pelota al bateador con mayor suavidad, formando un arco más alto.

(arriba) En el **teeball** *no hay pitcheo. Muchos jugadores jóvenes juegan* teeball *antes de pasar al béisbol, a fin de aprender los fundamentos del bateo.*

El softbol es popular entre los jóvenes y adultos. Muchos países tienen equipos nacionales, tanto femeninos como masculinos.

Terminología del béisbol

Nota: Es posible que las palabras en negrita que están definidas en el texto no aparezcan en el glosario.

abrirse de la base Pararse a unos pasos de la base para obtener ventaja al comenzar a correr a la siguiente base

bola Lanzamiento que un bateador no intenta golpear y que no pasa por la zona de *strike*

bola de nudillos Lanzamiento lento, con mucho movimiento, que se lograr al sujetar la pelota con las puntas de los dedos

cambio de velocidad Lanzamiento que parece ser una recta pero va mucho más lento

curva Lanzamiento que hace una curva en dirección opuesta al brazo de lanzamiento del lanzador

entrenador de base Entrenador que se coloca cerca de primera o tercera base y les dice a los corredores cuándo deben correr

fildeo Recuperar la pelota para intentar poner fuera a los bateadores

home run o **cuadrangular** *Hit* que permite al bateador correr y tocar todas las bases sin ser puesto fuera

jugada forzada Jugada en la que un corredor está obligado a avanzar a la siguiente base y el fildeador que tiene la pelota toca la base antes que el corredor

lanzamiento alto Lanzamiento que va mucho más lejos que el blanco

out Describe a un jugador que es puesto fuera de juego por el equipo contrario

parte alta Se refiere a la primera mitad de una entrada, en la que le toca batear al equipo visitante

parte baja Se refiere a la segunda mitad de una entrada, en la que le toca batear al equipo local

ponche Tres *strikes* lanzados por el lanzador, con los que el bateador es puesto fuera

safe Se refiere a un jugador que llega con éxito a una base

strike Intento fallido de batear la pelota. Una pelota que es lanzada a la zona de *strike*

tirabuzón Lanzamiento que hace una curva en dirección opuesta a la de una curva

tocar al corredor Acción en la que el fildeador que tiene la pelota toca a un corredor que está fuera de la base para ponerlo *out*

Índice

1 2 3 4 5 6 7 8 9 0 Impreso en Canadá 4 3 2 1 0 9 8 7 6 5